Angelika Wagener

Window Color
Advent &
Weihnachte

CHRISTOPHORUS

BRUNNEN-REIHE

Seit mehr als 30 Jahren steht der Name „Christophorus" für kreatives und künstlerisches Gestalten in Freizeit und Beruf. Genauso wie dieser Band der Brunnen-Reihe ist jedes Christophorus-Buch mit viel Sorgfalt erarbeitet: Damit Sie Spass und Erfolg beim Gestalten haben – und Freude an schönen Ergebnissen.

© 1999 Christophorus-Verlag GmbH
Freiburg im Breisgau

Alle Rechte vorbehalten -
Printed in Germany

ISBN 3-419-56075-3

Lektorat: Maria Möllenkamp, Freiburg
Fotos: Christoph Schmotz, Freiburg
Umschlaggestaltung: Network!, München
Produktion: Print Production, Umkirch
Druck: Freiburger Graphische Betriebe, 1999

CHRISTOPHORUS
Bücher mit Ideen

Inhalt

Die Autorin bedankt sich ganz herzlich bei den Firmen C.Kreul und van Eeuwen für die Bereitstellung der Materialien

Schöne Weihnachtszeit

Der Dezember mit Advent und Weihnachten ist eine besonders kreative Zeit, in der wir unser Heim schmücken und es uns gemütlich machen. Die leuchtenden, mit Window Color gemalten Motive sorgen für ein stimmungsvolles weihnachtliches Fenster. Ob Sie nun einen schön geschmückten Tannenbaum, einen Engel mit Harfe, eine Winterlandschaft, einen Nikolausstiefel, einen Ilex- oder einen Tannenkranz malen, immer wird ihr Fenster eine festliche Stimmung ausstrahlen. Und Karten mit Weihnachtsgrüßen, Baum- und Geschenkanhänger oder

Dekorationen für Silvester werden durch Window Color zu etwas ganz Besonderem.

Eine schöne Advents- und Weihnachtszeit wünscht Ihnen

Angelika Wagener

So geht's!

❶ Das Motiv vom Vorlagenbogen abpausen und unter eine Folie legen. Für kleinere Motive eignen sich Prospekthüllen in Din A4 oder DIN A3, in die das Motiv rutschfest eingelegt werden kann. Für größere Motive können Sie Folie von der Rolle verwenden, die im Fachhandel erhältlich ist. Die Umrisse mit Konturenfarbe direkt aus der Tube oder mit dem Airliner auftragen. Dabei die Linerspitze etwas anheben und die Farbe herauslaufen lassen. Diesen Farbstrang der Linie entlang führen und am Ende der Linie ablegen. Das Auftragen mit dem Liner erspart Ihnen das Drücken der Plastikflasche, es entstehen weniger Blasen. Entstandene Luftblasen sofort mit einer Nadel aufstechen und die entstandene Lücke mit Farbe schließen. Konturen etwa acht Stunden trocknen lassen.

❷ Nun die Flächen innerhalb der Konturen, auch direkt aus der Tube, ausmalen. Auch dieses geht leichter mit dem Airliner: Bei größeren Flächen wird der Farbauftrag gleichmäßiger. Zuerst die Farbe an der Kontur entlang auftragen, damit eine feste Verbindung entsteht. Dann das ganze Feld ausfüllen. Die Farben satt auftragen. Bei einer zu dünnen Farbschicht zerreißen die Bilder beim Ablösen. Die Farbe mit einem Holzstäbchen gleichmäßig verstreichen. Luftblasen aufstechen. Nach dem Trocknen, das dauert etwa 24 Stunden, werden die Farben transparent und leuchtend. Das Bild kann jetzt vorsichtig von der Folie abgezogen und am Fenster angebracht werden. Kalte, unelastische Fensterbilder vor dem Ablösen mit einem Fön erwärmen.

Tips & Tricks

● Die Folien müssen aus Polypropylen (PP) oder Polyethylen (PE) sein, von einer PVC-Folie läßt sich das Glas-Design-Motiv nicht ablösen.

● Trockenzeiten unbedingt einhalten, nie aus Ungeduld die Malerei abziehen, bevor alle Farben transparent geworden sind. Die Farbe „Kristallklar" trocknet langsamer, also länger als 24 Stunden!

● Farbe, die über die Kontur gelaufen ist, mit einem Wattestäbchen entfernen. Haben Sie sich im Farbton vergriffen, können Sie die Farbe sofort mit einem Papiertuch entfernen. Warten Sie nicht, bis die Farbe angetrocknet ist. Denn dann ist sie mit der Kontur verbunden und kann nicht mehr entfernt werden, ohne das Bild zu zerstören.

● Bei großen Motiven freie Zwischenräume mit Kristallklar ausfüllen, das gibt dem Bild mehr Festigkeit.

● Für Farbschattierungen die Farben direkt im Motiv vermischen.

● Zur Stabilisierung kann das Motiv auf selbsthaftender Folie angebracht werden. Von dieser Folie ist es nicht ablösbar. Die Folie klebt am Fenster und auf allen anderen glatten Flächen.

Die Farben

Die Glas Design Farben der Firma C. Kreul sind in vielen verschiedenen Farbtönen, die untereinander mischbar sind, erhältlich. Interessante Effekte ergeben bei der Mischung von Glitzerfarben mit normalen Farbe. Weitere ungewöhnliche Nuancen entstehen, wenn Sie auf feuchte Konturen oder Farbflächen Glitzerpulver streuen. Alle Farbtöne können mit Schneeweiß aufgehellt oder mit Schwarz abgedunkelt werden. Variationsmöglichkeiten bietet das Mischen der Konturenfarben, beispielsweise Schwarz mit Gold. Beim Vermischen nicht schütteln, sondern rühren, da sonst zu viele Luftblasen entstehen.

5

Weihnachts-grüße

Karten mit Kerze

K o n t u r
- ◆ **Schwarz**
- ◆ **Silber**
- ◆ **Gold**

F a r b e n
- ◆ **Glitzer-Silber**
- ◆ **Glitzer-Grün**
- ◆ **Glitzer-Gold**
- ◆ **Royalblau**
- ◆ **Schneeweiß**
- ◆ **Goldgelb**
- ◆ **Kirschrot**
- ◆ **Rubinrot**
- ◆ **Magenta**
- ◆ **Bernstein**

- ◆ **Mobile-Folie**

Fertige Fenster-karten mit Motiv für Window-Color von der Firma van Eeuwen.

Karten mit Kirche

K o n t u r
- Schwarz
- Gold

F a r b e n
- Magenta
- Royalblau
- Bernstein
- Moosgrün
- Glitzer-Silber
- Glitzer-Gold
- Glitzer-Grün

Fertige Fenster-
karten mit Motiv
für Window-Color
von der Firma van
Eeuwen.

*Die Motive aus-
malen. Wenn die
Vorderseite
getrocknet ist, die
Karte umdrehen
und von der
Rückseite den
Hintergrund
gestalten.*

Engel mit Posaune

Kontur
- ◆ Gold

Farben
- ◆ Moosgrün
- ◆ Maigrün
- ◆ Bernstein
- ◆ Glitzer-Gold
- ◆ Schneeweiß
- ◆ Rubinrot
- ◆ Fleischfarbe

Vorlage A

Einige Tropfen goldene Konturenfarbe in die Haare malen.

Weihnachtsstern

<u>K o n t u r</u>
- ◆ **Schwarz**
- ◆ **Gold**

<u>F a r b e n</u>
- ◆ **Moosgrün**
- ◆ **Maigrün**
- ◆ **Rubinrot**

- ◆ **Goldglitter**

<u>V o r l a g e</u> **B**

Rote Blätter mit Goldglitter bestreuen. Staubgefäße mit Konturenfarbe in Gold ausmalen.

9

Weihnachtsschlitten

Kontur
◆ Gold

Farben
◆ Bernstein
◆ Rehbraun
◆ Schneeweiß
◆ Royalblau
◆ Rubinrot
◆ Maigrün
◆ Moosgrün
◆ Glitzer-Gold
◆ Kristallklar

◆ Kordel oder
  Draht in Gold
◆ Glitter

Vorlage C

*Kordel oder
goldenen Draht als
Zügel aufkleben.
Sterne mit Glitter
bestreuen.*

Tannenbaum

K o n t u r
- ◆ Gold

F a r b e n
- ◆ Rehbraun
- ◆ Glitzer-Grün
- ◆ Glitzer-Gold
- ◆ Goldgelb
- ◆ Schneeweiß
- ◆ Royalblau

- ◆ Glasperlen in Blau

V o r l a g e   D

12

Engel mit Harfe

<u>K o n t u r</u>
- ◆ **Gold**
- ◆ **Reinweiß**

<u>F a r b e n</u>
- ◆ **Nachtblau**
- ◆ **Schneeweiß**
- ◆ **Fleischfarbe**
- ◆ **Goldgelb**
- ◆ **Bernstein**
- ◆ **Weiß-Irisierend**
- ◆ **Rehbraun**
- ◆ **Magenta**

<u>V o r l a g e   E</u>

Für Flügel, Wolke und Rock die Farben mit einem Zahnstocher ineinander ziehen.

13

Glocken

Kontur
- Silber

Farben
- Olivgrün
- Maigrün
- Royalblau
- Nachtblau
- Rehbraun

- Lackstift in Schwarz

Vorlage F

Das Innere der Glocken mit Nacht-blau malen. Mit Lackstift die Blatt-adern auf die trockene Farbe setzen.

14

Ilexkranz

Kontur

- ◆ Grün-Transparent
- ◆ Rot-Transparent
- ◆ Glitzer-Gold

- ◆ Farben
- ◆ Glitzer-Grün
- ◆ Moosgrün
- ◆ Rot
- ◆ Glitzer-Gold

Vorlage G

Zur Verstärkung die freie Mitte des Kranzes mit einem Stück selbsthaftender Folie hinterlegen.

Kranz mit Silberschleife

K o n t u r
- Silber
- Grün-Transparent

F a r b e n
- Maigrün
- Moosgrün
- Magenta
- Glitzer-Silber
- Glitzer-Blau
- Glasperlen in Blau

- wasserfester Marker in Schwarz

V o r l a g e   H

Die Perlen in die nasse Farbe der blauen Elemente der Schleife streuen. In die maigrünen Blätter mit dem Marker eine Blattader zeichnen.

Bescherung

Kontur
◆ Gold

Farben
◆ Maigrün
◆ Moosgrün
◆ Glitzer-Grün
◆ Fleischfarbe
◆ Goldgelb
◆ Rehbraun
◆ Rot
◆ Nachtblau
◆ Schneeweiß
◆ Bernstein
◆ Schwarz

◆ Wasserfester
   Marker in
   Schwarz

Vorlage J

Den Tannenbaum mit den zwei Grüntönen mit Zahnstocher schattieren. Blattadern mit Marker einzeichnen.

18

19

Herz

Kontur
◆ Gold

Farben
◆ Glitzer-Grün
◆ Glitzer-Rot
◆ Glitzer-Gold
◆ Moosgrün
◆ Rehbraun
◆ Goldgelb
◆ Bernstein
◆ Rubinrot
◆ Royalblau

◆ Glasperlen
   in Grün

Vorlage K

Die Perlen in die nasse Farbe des Tannenbaumes streuen.

20

Stiefel

21

Päckchen-
anhänger

K o n t u r
- ◆ Gold

F a r b e n
- ◆ Glitzer-Gold
- ◆ Rubinrot
- ◆ Rehbraun
- ◆ Bernstein
- ◆ Schneeweiß
- ◆ Schwarz
- ◆ Maigrün
- ◆ Grau
- ◆ Royalblau
- ◆ Weiß-Irisierend

V o r l a g e n
M und N

22

Winterland-
schaft

Kontur
- ◆ Rein-Weiß
- ◆ Grün-Transparent
- ◆ Gold

Farben
- ◆ Glitzer-Gold
- ◆ Glitzer-Grün
- ◆ Bernstein
- ◆ Rehbraun
- ◆ Schneeweiß
- ◆ Weiß-Irisierend

Vorlage O

Nach dem Trocknen
die obersten Tan-
nenspitzen, die
Dächer und jedes
zweite Schneefeld
noch einmal mit
einer Schicht
Weiß-irisierend
übermalen.

24

Schneemänner

Kontur
◆ Gold

Farben
◆ Weiß-irisierend
◆ Rehbraun
◆ Rubinrot
◆ Goldgelb
◆ Royalblau

◆ Lackstift in
  Schwarz
◆ Bastelspieße
◆ Schleifenband

Vorlagen
P1 bis P3

*Spieße und Schlei-
fen mit Heißkleber
anbringen. Augen
mit Lackstift
aufmalen.*

Zum Neuen Jahr

Kontur
- Gold
- Glitzer-Gold

Farben
- Bernstein
- Royalblau
- Rot
- Goldgelb

- Glasperlen in Gold

Vorlage P4

Die Schrift erst nach dem Trocknen aufbringen.

Baumanhänger

K o n t u r
- ◆ Gold
- ◆ Glitzer-Gold

F a r b e n
- ◆ Glitzer-Gold
- ◆ Glitzer-Grün
- ◆ Glitzer-Rot
- ◆ Rubinrot
- ◆ Rehbraun
- ◆ Schneeweiß
- ◆ Schwarz
- ◆ Bernstein
- ◆ Maigrün
- ◆ Grau
- ◆ Royalblau

- ◆ Glasperlen in
  Gold

V o r l a g e n
Q1–Q4

Verzierungen mit
Glitzer-Gold erst
nach dem Trocknen
auftragen.

Silvester

Kontur
- ◆ Schwarz

Farben
- ◆ Royalblau
- ◆ Maigrün
- ◆ Goldgelb
- ◆ Rot
- ◆ Schneeweiß

- ◆ UHU Alleskleber Kraft
- ◆ selbsthaftende Spezialfolie
- ◆ Mobile-Folie
- ◆ Tischkarten aus Tonkarton

Vorlagen
R1 bis R3, S

Die Gläserdekoration auf Spezialfolie arbeiten und großflächig ausschneiden.
Motive für Tischkarten auf Mobile-Folie malen, ausschneiden und mit UHU Alleskleber Kraft aufkleben.

**Neben dieser Auswahl aus der Brunnen-Reihe
haben wir noch viele andere Bücher im Programm:**

**Hobby- und Bastelbücher, Bücher zum Spielen und Lernen
mit Kindern, Ratgeber-Bücher für Eltern**

**Wir informieren Sie gerne - fordern Sie
einfach unsere neuen Prospekte an.**

3-419-56076-1

3-419-56077-X

3-419-56078-8

3-419-56079-6

3-419-56080-X

Wir sind für Sie da, wenn Sie Fragen zu AutorInnen, Anleitungen oder Materialien haben.
Und wir interessieren uns für Ihre eigenen Ideen und Anregungen. Faxen, schreiben Sie oder rufen Sie uns an.
Wir hören gerne von Ihnen! Ihr Christophorus-Verlag

CHRISTOPHORUS
Bücher mit Ideen

Hermann-Herder-Str. 4 / 79104 Freiburg i. Breisgau   Tel: 0761/2717-0 oder Fax: 0761/2717-352